I0464765

Trafic Web Extrême
En Infiltrant Les Forums:
Comment Manipuler Les Forums Et
Groupes Facebook Pour Obtenir Des
Milliers De Visiteurs Gratuitement Sur
Votre Blog Sans Spam Ni Promotion.

TABLE DES MATIÈRES

INTRODUCTION.

Bienvenue dans cette formation qui va vous montrer comment manipuler les forums et les groupes Facebook de votre marché de niche pour générer des milliers de visiteurs sur votre blog ou votre site web gratuitement et sans risquer d'être banni en faisant du spam ou de la promotion.

En effet, la plupart des gens qui utilise les forums, groupes Facebook ou autres communautés de discussion le font de la mauvaise façon.

Ils vont en général envoyer régulièrement des messages très commerciaux du style "regardez mon nouveau produit" ou "regardez mon nouveau blog".

En plus de ne rien apporter de particulier à la communauté en termes de valeur ajoutée, cela va également s'apparenter à du spam.

Or, la plupart des forums ou groupes Facebook interdit désormais cette manière de procéder.

Les administrateurs souhaitent avant tout garder leur forum ou groupe comme un espace d'échange et de partage constructif, mais en aucun cas en dégrader la qualité en le faisant devenir un espace commercial où tout le monde va faire sa publicité.

Par ailleurs, bien qu'il existe aussi certains groupes Facebook dédiés à poster des messages pour faire votre publicité, ceux-ci ne vous apporteront en général presque aucun nouveau visiteur.

La raison en est que tout le monde s'acharne en général à poster sa propre publicité mais sans forcément s'intéresser aux produits des autres.

De plus, les visiteurs obtenus ainsi ne sont souvent pas qualifiés et même s'ils venaient sur votre blog, ils n'achèteraient jamais rien.

De la même manière, vous fréquentez peut-être des forums, des blogs de référence ou des groupes Facebook de votre marché de niche sur lesquels vous êtes actifs.

Vous avez peut-être même passé des dizaines d'heures à écrire des centaines de commentaires pertinents et destinés à aider les autres membres de la communauté.

Pourtant, et comme la très grosse majorité des gens qui ont essayé cette stratégie auparavant, vous n'avez reçu que trois ou quatre visiteurs sur votre site, et les résultats ont été négligeables par rapport au temps incroyable que vous avez passé à écrire tous ces commentaires et à vous investir pour obtenir du trafic ciblé.

Vous avez alors peut-être essayé sans plus de succès un grand nombre d'autres techniques qu'on trouve un peu partout sur Internet telles que le référencement sur Google, la publicité payante, ou encore la création de partenariats avec les gros sites de votre marché.

Le problème est que le référencement prend bien souvent de nombreux mois avant d'être vraiment efficace.

Par ailleurs, faire reposer son trafic sur le référencement demeure très risqué.

Les algorithmes de Google changent fréquemment et menacent de vous faire perdre votre position du jour au lendemain et donc de voir tout votre trafic s'envoler brusquement.

La publicité quant à elle coûte bien souvent très cher et met aussi de nombreuses semaines d'ajustements et de tests avant d'obtenir une campagne rentable.

De plus, les plateformes publicitaires telles que Google Adwords ont des critères de sélection drastiques et peuvent décider de fermer votre compte du jour au lendemain si vous ne répondez pas à leurs conditions.

Enfin, les partenariats sont relativement difficiles à obtenir, surtout lorsqu'on débute sur Internet et dans une thématique.

Les personnes connues de votre marché ont souvent autre chose à faire que faire attention à vous, et beaucoup de personnes en plus de vous leur écrivent probablement pour demander la même chose.

Ce dont vous avez besoin est donc une technique de trafic web extrême, c'est-à-dire une technique peu connue qui va vous apporter des résultats en termes de trafic ciblé radicalement différents des techniques qu'on trouve partout sur Internet et que tout le monde utilise sans succès.

C'est ainsi que la technique d'infiltration de forums et groupes Facebook que vous allez découvrir ici va certainement vous économiser des mois de travail acharné à essayer d'obtenir du trafic ciblé pour propulser votre blog ou business en ligne.

Cette technique n'a plus rien à voir avec la manière dont 99% des gens utilisent les forums et groupes Facebook.

L'énorme majorité passe très souvent son temps à polluer et spammer les forums et groupes de messages promotionnels que les administrateurs effacent aussitôt, juste avant de bannir ces personnes.

De même, cette technique n'a plus rien à voir avec la manière innocente d'utiliser les forums et groupes en écrivant de nombreux commentaires pour aider les autres, et en espérant qu'une âme charitable sera assez gentille pour aller voir leur site.

La méthode que vous avez entre les mains va vous guider pas-à-pas pour mettre en oeuvre une infiltration des forums et groupes de votre marché de niche et obtenir des milliers de visiteurs ciblés, sans que personne ne se rende compte que vous avez mené une incroyable opération marketing.

Vous saurez alors exactement comment exploiter cette mine d'or en termes de prospects et clients futurs que sont les forums et groupes Facebook, là où tous ceux qui essaient n'obtiennent que des miettes ou échouent.

Voici ce que vous allez apprendre dans cette formation composée de quatre modules :

Module #1

Dans ce premier module, vous allez d'abord créer une offre irrésistible qui va faire que tout le monde parle de vous dans votre thématique et ainsi créer un buzz.

Cette offre irrésistible est une étape préliminaire à votre infiltration des forums et groupes Facebook.

Elle va vous permettre créer un effet de levier et de tirer un bénéfice maximum de votre infiltration en termes de nombre de visiteurs.

Pour créer cette offre irrésistible, vous allez utiliser la puissance d'une autre technique de trafic web extrême que vous choisirez selon vos préférences parmi les deux qui vous seront révélées.

Module #2

Une fois que vous aurez mis en place votre offre irrésistible qui va générer un véritable buzz, vous allez maintenant infiltrer dans ce deuxième module un maximum de forums et groupes Facebook de votre marché de niche.

Le but ici va être d'utiliser une technique puissante de manipulation, qui va vous faire facilement vous fondre dans la masse de ces forums et groupes.

Vous allez ainsi obtenir une forte crédibilité dans les différentes communautés, et tout sera prêt pour lancer votre opération de promotion dans le module suivant.

Module #3

Une fois que votre infiltration sera opérationnelle et que vous vous serez totalement fondu dans la masse de ces forums et groupes, vous allez dans ce troisième module réaliser votre lancement sans que personne ne se doute une seule seconde que vous réalisez une fantastique opération promotionnelle et marketing.

Vous allez ainsi par ce lancement obtenir des milliers de visiteurs qui vont se ruer d'un seul coup sur votre site, tout en transformant un maximum de personnes en inscrits à votre mailing list et en clients.

Module #4

Dans ce quatrième et dernier module, vous allez mettre en place un calendrier pour lancer régulièrement des infiltrations de forums et groupes Facebook, afin de vous assurer d'avoir un trafic élevé et constant sur le long terme.

A terme, vous n'aurez alors plus aucun problème de trafic web, puisque vous saurez comment faire venir sur commande des milliers de visiteurs ciblés sur votre site.

Vous propulserez votre business au niveau supérieur car tous les visiteurs qui viendront seront des visiteurs appartenant à votre marché, donc potentiellement intéressés par vos produits.

De plus, vous aurez rempli votre mailing list de prospects qualifiés que vous pourrez démarcher à chaque fois que

vous avez un nouveau produit, ce qui vous assurera une
prospérité sur le long terme.

Bien entendu, vous pourrez réutiliser cette technique
d'infiltration pour faire décoller n'importe quel nouveau
marché de niche dans lequel vous choisirez de vous
engager.

Commençons tout de suite avec le premier module.

MODULE #1: CRÉEZ EN AMONT UNE OFFRE IRRÉSISTIBLE QUI VA FAIRE LE BUZZ.

Dans ce premier module vous allez créer une offre irrésistible en amont de votre infiltration, sur laquelle vous allez rediriger plus tard l'ensemble du trafic des différents forums et groupes Facebook que vous aurez infiltrés.

Le but de cette offre irrésistible est de faire un maximum de bruit et de faire le buzz autour de vous et de votre site web, dès qu'elle sera lancée au grand jour.

Vous allez ainsi créer un véritable effet de levier qui va vous permettre de tirer un maximum de trafic web des forums et groupes Facebook que vous allez infiltrer.

En effet, si vous vous contentiez de rediriger le trafic des forums et groupes Facebook que vous infiltrez sur une offre peu ou pas intéressante, vous risqueriez de ne pas avoir des résultats optimaux en termes d'effet de buzz, d'inscriptions à votre mailing list et de ventes.

Pour créer facilement cette offre, vous allez découvrir ici deux techniques de trafic web extrême.

Il vous suffira de choisir celle qui vous convient le mieux, avec laquelle vous vous sentez le plus à l'aise et que vous préférez.

La première technique que vous allez découvrir est le parasitage de produit, et la deuxième est les annonces explosives.

Notez que vous pouvez tout-à-fait créer votre offre irrésistible en même temps que vous commencez votre opération d'infiltration des forums et groupes Facebook (qui sera abordée dans le deuxième module), et vous n'avez pas besoin d'attendre que votre offre soit prête avant de commencer à infiltrer les forums et groupes.

Passons maintenant à la première technique pour créer une offre irrésistible avec le parasitage de produit.

I.1- Technique n°1 pour créer facilement une offre irrésistible qui va faire le buzz.

Vous allez voir ici une première technique pour créer une offre irrésistible qui va faire le buzz.

Il s'agit de la technique du parasitage de produit, que vous allez mettre en place en quatre étapes.

Etape 1:
Identifiez un produit que tout le monde achète ou désire dans votre marché.

La première chose à faire pour réaliser un parasitage de produit est d'identifier un produit de votre marché de niche que tout le monde achète et que tout le monde veut avoir car il fait un peu figure de produit de référence, de produit phare, de produit clé.

En plus d'être un produit que tout le monde souhaite acquérir, ce produit doit avoir les trois caractéristiques suivantes :

- Il doit être le plus cher possible ou suffisamment cher pour que les gens de votre marché soient frustrés de ne pas pouvoir se le payer.

- Il doit être connu par un maximum de personnes de votre thématique.

- Il doit être "evergreen", c'est-à-dire qu'il sera toujours aussi populaire et aura toujours autant de succès dans quelques mois ou années. En d'autres termes, ce produit ne pas être lié à un effet de mode ou un gros lancement qui va durer une semaine et qui sera ensuite oublié.

Par exemple si on prend le marché de niche du marketing d'email, un tel produit peut être le plugin Wordpress popup domination.

Ce plugin sert à afficher un formulaire sur les pages web afin de récupérer un maximum d'adresses email.

La grande majorité des personnes qui sont dans le marketing d'email connaissent ce plugin qui fait un peu référence dans le domaine.

Par ailleurs, ce produit n'est pas lié à un effet de mode et beaucoup de personnes aimeraient l'acheter mais il coûte relativement cher, surtout pour les budgets serrés.

C'est donc le parfait exemple de type de produit que vous pouvez sélectionner.

Bien entendu selon votre marché, il peut aussi s'agir de formations ou de séminaires qui servent de référence dans votre thématique et que tout le monde aimerait avoir sans forcément pouvoir se les payer, surtout s'il s'agit par exemple d'une formation en ligne de 300, 500 ou même 1000 euros.

Cela peut aussi être divers outils ou même d'un livre clé de votre thématique.

Toutefois, gardez en tête qu'il faut tout de même que le prix soit suffisamment élevé pour créer chez les gens cette frustration de ne pas forcément pouvoir se le payer.

Evitez donc de trouver des produits à 10 ou 20 euros, mais cherchez plutôt des produits, outils ou formations d'au minimum 50 euros.

Plus ils seront chers, mieux ce sera pour vous.

Etape 2 :
Créez un produit concurrent équivalent ou meilleur que celui existant.

Une fois que vous aurez identifié le produit, la formation ou l'outil de votre thématique qui répond aux critères vus à la première étape, l'idée va être de le parasiter (d'où le nom de cette technique "parasitage de produit").

Pour cela, vous allez créer un produit concurrent qui soit équivalent voire meilleur que celui existant, et que vous allez donner gratuitement au lieu de le faire payer.

Vous allez ainsi créer un engouement incroyable dans votre thématique, car tout le monde voudra posséder ce produit ou cette formation.

Bien entendu, la création de ce produit ou formation peut se faire très rapidement, et il ne s'agit évidemment pas d'embaucher une équipe de 50 personnes pour créer un logiciel concurrent hyper performant.

L'intérêt est de trouver un produit qui soit relativement simple techniquement, qui demande peu ou pas de budget de développement et de production afin d'en créer un concurrent gratuit qui soit meilleur ou équivalent.

Ainsi, les meilleurs produits sont par exemple des outils tels que des plugins Wordpress, des scripts, des applications en ligne, des formations ou des séminaires.

Par exemple si vous choisissez un outil tel qu'un plugin, il est très facile de trouver un programmeur qui peut vous en faire un pour 50 ou 100 euros sur des plateformes de personnes travaillant en freelance telles que elance.com.

Si vous choisissez de créer un équivalent d'une formation de référence qui coûte 500 ou 1000 euros, vous pouvez le faire sans aucun frais en vous filmant, en filmant votre écran d'ordinateur ou même en enregistrant une formation au format audio.

Dans le cas où vous choisissez de réaliser une formation équivalente ou meilleure qu'une formation concurrente, il est alors vivement recommandé de ne pas acheter ni regarder la formation concurrente.

Ainsi, vous ne serez pas tenté de la copier et ne prendrez pas le risque d'être accusé de plagiat par le concurrent en question.

Par ailleurs, si vous êtes gêné par le risque de vous froisser avec le concurrent à qui appartient le produit à partir duquel vous allez proposer une version équivalente ou meilleure gratuite, vous pouvez très bien choisir un produit anonyme, par exemple venant d'une grosse entreprise ou corporation.

De cette manière, le produit n'appartient pas spécialement à un blogueur ou une personne donnée, et vous vous évitez ainsi le risque de vous froisser avec la personne.

Etape 3 :
Créez une page de vente en demandant une inscription par email pour télécharger le produit gratuitement.

Une fois que vous aurez créé le produit, la formation, l'outil, ou le livre équivalent ou meilleur que celui du concurrent, vous allez maintenant créer une page de vente très simple sur laquelle vous allez mettre un formulaire d'inscription pour que les gens puissent l'obtenir gratuitement (au lieu de le payer comme ils doivent le faire avec votre concurrent).

Dans votre page de vente, vous allez alors expliquer en quelques paragraphes en quoi votre produit est équivalent ou meilleur que le produit concurrent.

Vous allez surtout insister sur le fait qu'il est gratuit chez vous, contrairement à votre concurrent qui le fait payer cher.

Un excellent moyen de faire ça est de faire un tableau comparatif de deux colonnes, qui permet une comparaison directe des fonctionnalités de votre produit et du produit concurrent.

Par ailleurs, si vous n'êtes pas sûr de pouvoir citer le nom de la marque concurrente afin de ne pas faire de détournement de clientèle, validez par un juriste le fait de pouvoir le faire ou non selon le pays où vous êtes.

Si vous pensez ne pas pouvoir citer la marque concurrente, alors il vous suffit de simplement montrer qu'il s'agit de quelque chose de similaire.

Puis, tout en bas de votre page de vente, vous allez mettre un formulaire d'inscription tel que ceux que vous proposent des services d'autorépondeur comme Aweber ou Getresponse.

Les gens vont alors devoir entrer leur adresse email pour pouvoir s'inscrire et recevoir votre produit gratuit, et construirez ainsi votre liste de prospects.

Cette liste de prospects sera la meilleure garantie pour vous assurer un business stable à long terme car vous pourrez démarcher ces prospects à chaque fois que vous aurez un produit à vendre.

Une fois que votre page de vente avec le formulaire d'inscription pour recevoir gratuitement le produit est prêt, vous aurez alors terminé la préparation de votre offre irrésistible.

Si vous le souhaitez, vous pouvez toutefois aller encore plus loin, en réalisant une quatrième étape qui va vous permettre directement de vendre quelque chose à ces personnes.

Etape 4 :
Créez une page de remerciement en proposant un produit complémentaire à la vente.

Une fois que les visiteurs se sont inscrits à votre mailing list pour recevoir leur produit gratuitement, vous pouvez si vous le souhaitez les rediriger directement après sur une page de remerciement.

Sur cette page, vous allez leur proposer d'acheter un produit complémentaire au produit gratuit qu'ils vont recevoir.

Ce produit complémentaire peut-être par exemple une formation expliquant comment utiliser l'outil gratuit qu'ils viennent de télécharger.

Par exemple, si vous proposez gratuitement un outil équivalent au plugin popup domination pour capturer des adresses email, vous pouvez proposer sur votre page de remerciement d'acheter une formation qui explique comment prendre en main ce plugin, ou une formation qui explique comment bâtir et cultiver une mailing list, etc.

De cette manière, vous pourrez avoir un retour sur investissement immédiat de l'opération marketing que vous avez mise en oeuvre.

Ceci termine la mise en place de votre offre irrésistible avec la technique du parasitage de produit.

Vous avez donc à ce stade un produit équivalent ou meilleur que celui de votre concurrent qui est payant, et que vous allez proposer gratuitement sur une page de vente.

Les gens n'ont alors qu'à s'inscrire au formulaire en bas de votre page pour recevoir leur produit gratuit.

Ainsi, votre offre va créer un véritable engouement et va se répandre comme une traînée de poudre de part son côté irrésistible, car vous proposez une alternative gratuite à un produit de référence que tout le monde connaît et aimerait avoir, mais que les gens sont frustrés de ne pas pouvoir acheter car il coûte relativement cher.

Si cette première technique pour créer une offre irrésistible ne vous séduit pas particulièrement, en voici une deuxième que vous pourrez utiliser à la place, qui s'appelle la technique des annonces explosives.

I.2- Technique n°2 pour créer facilement une offre irrésistible qui va faire le buzz.

Vous allez maintenant découvrir comment créer facilement votre offre irrésistible en utilisant la technique des annonces explosives.

Le but d'une annonce explosive est de fournir aux personnes de votre marché de niche un sujet de discussion bien spécifique qui va faire parler de vous un maximum dans votre thématique en créant un véritable buzz.

Un maximum de personnes de votre thématique va alors se mettre à partager votre sujet et à en débattre : certains seront pour, d'autres contres, d'autre encore n'auront pas d'opinion, etc.

L'intérêt est que ce sujet va faire parler de vous et de votre site web, car les gens voudront aller voir sur votre site de quoi il s'agit exactement.

Vous allez donc créer un véritable buzz avec un tel sujet, à condition de savoir comment fabriquer ce genre de sujet bien particulier.

La première chose à savoir est que le sujet que vous allez fabriquer de toutes pièces et que vous allez fournir aux personnes de votre marché de niche sera un sujet nouveau qui n'a jamais été annoncé, et c'est vous qui allez l'annoncer à votre thématique.

Vous allez maintenant voir deux moyens redoutablement efficaces pour fabriquer une telle annonce explosive qui va faire le buzz.

Ces deux moyens vont vous permettre de créer une annonce explosive en moins de trente minutes, quelle que soit votre thématique.

Méthode n° 1 pour créer une annonce explosive.

Cette première méthode de fabriquer une annonce explosive consiste à **détourner ou à utiliser à votre profit l'actualité, et si possible l'actualité émotionnelle.**

Ce qu'on entend par "émotionnelle" est l'actualité qui rend en général les gens fous ou qui fait réagir les gens de manière extrême et virulente à cause de ce qui se passe.

Le principe consiste à offrir une réduction énorme sur votre produit ou votre service à une catégorie de personnes qui vient d'être lésée par une loi ou par une actualité (catastrophe, assurances, etc.).

Il peut par exemple s'agir d'une loi politique qui vient de passer et qui fait qu'une petite partie de la population ou une petite partie des personnes de votre thématique se sente lésée et ait l'impression de s'être fait avoir.

Par exemple, imaginez que vous avez un business qui s'adresse essentiellement aux entrepreneurs et qu'une loi un peu scandaleuse vient d'être adoptée et augmente de 50% les taxes d'une catégorie bien spécifique ou d'un métier particulier parmi les entrepreneurs.

Vous allez ainsi profiter de cette loi pour créer un buzz autour de ça en proposant une réduction énorme par exemple de 80%, ou un avantage énorme à la petite minorité lésée par le gouvernement.

En lâchant une telle annonce sur les forums ou les groupes Facebook que vous aurez infiltrés, vous allez créer un véritable effet de levier pour maximiser le trafic que vous récolterez de ces forums et groupes Facebook, bien plus que si vous aviez une annonce ou une offre fade ou peu intéressante.

De plus, plus la réduction proposée sera importante, plus votre buzz a des chances d'être retentissant.

Evidemment, le but n'est pas que la totalité des personnes de votre thématique se sente lésée par cette loi mais que ce soit uniquement une petite minorité.

Sinon, vous risquez de travailler à perte si trop de monde se rue sur votre offre ou sur votre avantage.

L'idéal est que cette actualité corresponde à une petite catégorie de personnes de votre thématique de quelques dizaines de personnes qui probablement n'achèteront jamais rien chez vous.

De cette manière, vous pourrez utiliser une telle actualité en proposant une offre que très peu ou pas de personnes demanderont à profiter, mais qui vous permettra de faire le buzz autour de ça.

Vous pouvez même aller beaucoup plus loin en offrant à cette petite minorité de personnes lésées non pas une réduction, mais carrément quelque chose de gratuit, comme par exemple un séminaire gratuit ou une heure de consulting gratuite.

Si elles sont peu nombreuses ou qu'elles ne comptent jamais acheter chez vous, votre offre incroyable fera le buzz sans même que vous ayez besoin d'honorer cette offre puisque personne ne vous demandera jamais à en profiter.

C'est notamment la façon dont certaines personnes créent un buzz immense aux Etats-Unis, en proposant par exemple un séminaire gratuit ou une séance de coaching gratuite à un ministre.

Il peut s'agir par exemple de lui faire une lettre ouverte et lui proposer cette séance de coaching gratuite pour qu'il voit comment on fait du business et qu'il voit comment ça se passe dans la vie de gens qui font du business, etc.

Il est évident que le ministre en question ne va même pas voir cette proposition.

Il n'empêche que vous créerez ainsi un buzz incroyable avec une telle annonce, sans même avoir besoin d'honorer votre promesse.

Voici maintenant une deuxième façon de créer une annonce explosive afin de tirer un maximum de trafic des forums et groupes Facebook que vous allez infiltrer.

Méthode n° 2 pour créer une annonce explosive.

La deuxième méthode pour fabriquer une annonce explosive consiste à **organiser un concours ou un défi**, et à proposer un lot tellement surdimensionné pour celui qui va le remporter que tout le monde va en parler et va vouloir participer. Vous allez ainsi créer un buzz.

Le lot doit pouvoir à lui seul faire parler les gens en étant quelque chose qui va être perçu comme vraiment inhabituel et pas normal, et c'est ce qui va créer l'effet de buzz.

Ainsi, le lot que vous allez proposer devra soit être choquant, étonnant, ou décalé, soit avoir une valeur extrêmement élevée en termes de prix.

Voici un exemple de la manière dont vous pouvez lancer un concours ou un défi par une annonce explosive.

Vous pouvez dire par exemple :

"Si quelqu'un peut me prouver qu'il n'est pas possible d'obtenir tel résultat en utilisant cette technique, alors je lui offre ce lot surdimensionné."

Concernant le lot, vous pouvez par exemple proposer de gagner une Ferrari, en montrant les photos d'une Ferrari photographiée devant votre garage ou en ayant pris des photos d'une Ferrari (vous n'allez évidemment pas acheter une Ferrari).

Certains marketeurs ayant déjà utilisé le cadeau de la Ferrari pour fabriquer une annonce explosive et créer un véritable buzz notamment aux Etats-Unis, vous pouvez chercher à être plus original et proposer par exemple au gagnant de recevoir son poids en iPhones ou en iPads.

L'idée est alors de faire une photo des stocks pour montrer tout un tas d'iPhones et d'iPads, et il n'est ici bien sûr pas question non plus de les acheter.

Vous pouvez regrouper ceux de vos amis, ou en aller dans une fabrique ou un centre de déstockage et prendre une photo d'une pile d'iPhones ou d'iPads.

Au final, quel que soit le lot surdimensionné que vous allez proposer, le but est bien évidemment que vous n'ayez jamais à le donner.

Ainsi, si vous avez une technique qui fonctionne et donne des résultats de manière quasi certaine, vous pouvez lancer un défi qui demande de regrouper des preuves pour démontrer que votre technique ne fonctionne pas, en disant par exemple :

"Si une personne arrive à me donner les preuves et les faits qu'il a tout appliqué comme expliqué et qu'il n'a pas obtenu les résultats promis, alors je lui offre son poids en iPhones et iPads."

Si vous êtes un spécialiste de l'email marketing et que vous avez une formation qui fonctionne que vous vendez 97 euros et qui permette d'obtenir 400 nouveaux inscrits par jour à votre mailing list, vous pouvez ainsi créer un buzz en lançant une annonce explosive telle que :

"Si vous n'obtenez pas 400 nouveaux inscrits par jour avec cette formation, je vous envoie 2500 euros nets de ma poche."

Puis vous pouvez mettre plus bas dans votre article et en plus petit les conditions et toutes les preuves exactes à rassembler pour obtenir le lot.

Vous pouvez même rajouter une durée limitée dans le temps pour ce concours ou défi, ce qui rendra les preuves encore plus difficiles à rassembler dans ce laps de temps, surtout si la formation que vous vendez demande presque autant de temps à mettre en place que la période de validité du défi.

Bref, le but est que personne ne puisse jamais être capable de rassembler toutes ces preuves, et vous pouvez toujours trouver des combines pour que ce soit le cas.

Ainsi, vous pourrez lancer un concours ou un défi que personne ne réussira jamais, mais qui fera parler de vous.

Ainsi, en lançant une telle offre irrésistible sous forme de concours ou de défi, vous allez ainsi créer un rush de visiteurs sur votre site, et bien souvent propulser vos ventes de manière impressionnante car tout le monde voudra tenter votre nouvelle technique ou votre formation.

De plus, proposer un lot tellement immense donne une preuve supplémentaire que votre produit est vraiment efficace.

Vous renforcez ainsi la crédibilité de votre produit tout en vous créant un buzz et en augmentant vos ventes.

Comme vous le voyez, il est très simple de mettre en place une annonce explosive dans le cas où vous choisissez cette technique plutôt que la technique du parasitage de produit.

En moins de trente minutes, vous pouvez avoir créé votre annonce explosive sur une page de votre site, sur laquelle vous détaillez les informations correspondantes, selon que vous choisissez la méthode n°1 ou n°2 que vous venez de voir.

Ceci termine ce premier module.

Vous avez vu deux techniques qui vont vous permettre de créer une offre irrésistible qui va devenir virale et créer un véritable buzz autour de vous et de votre site dans votre thématique.

La première technique consiste à créer un parasitage de produit et la deuxième une annonce explosive.

Vous pouvez utiliser la technique que vous préférez et avec laquelle vous vous sentez le plus à l'aise pour créer cette offre irrésistible.

Toutefois, l'idéal est de privilégier autant que possible la technique du parasitage de produit.

En effet, même si les deux techniques permettent de vendre un produit, la technique du parasitage de produit vous permettra en plus de récupérer en plus les adresses email de vos visiteurs et donc de construire votre mailing list.

En revanche, les annonces explosives vont simplement se contenter de générer du trafic sur votre site web et vont laisser les gens repartir dans la nature sans que vous puissiez les démarcher par la suite (même si c'est en théorie possible si par exemple vous décidez plus tard de créer une campagne de publicité payante Facebook et d'afficher vos publicités sur les pages des gens qui ont déjà visité votre site web).

Ainsi, si vous le pouvez, privilégiez la technique du parasitage de produit pour créer votre offre irrésistible, ce qui vous permettra en plus de capitaliser les adresses email de vos visiteurs et de pouvoir les relancer par la suite pour leur vendre vos produits.

D'ailleurs, seul un faible pourcentage de personnes achète directement à la vue d'une page de vente, et les taux de conversion en termes de ventes sont nettement supérieurs lorsque les prospects sont démarchés par la suite notamment par l'email.

Quoi qu'il en soit, cette offre irrésistible en amont de votre opération d'infiltration va vous servir d'effet de levier pour faire un maximum de bruit dans les forums et groupes Facebook que vous allez infiltrer.

Vous allez maintenant voir dans le deuxième module comment infiltrer les forums et groupes Facebook pour vous créer une forte crédibilité tout en vous fondant dans la masse.

Encore une fois, vous pouvez pour gagner du temps très bien créer votre offre irrésistible en même temps que vous mettez en place votre opération d'infiltration détaillée dans le module suivant.

MODULE #2: METTEZ EN PLACE VOTRE INFILTRATION D'UN MAXIMUM DE FORUMS ET GROUPES FACEBOOK DE VOTRE MARCHÉ.

A la fin de ce module, vous aurez totalement mis en place votre opération d'infiltration d'un maximum de forums et groupes Facebook de votre thématique.

Le but ici est de vous créer une solide crédibilité et vous fondre totalement dans la masse de ces forums et groupes.

Ainsi tout sera prêt à la fin de ce module pour lancer dans le troisième module le message vers votre offre irrésistible, et déclencher des milliers de visiteurs sur votre blog sans que personne ne soupçonne que vous avez monté une formidable opération de promotion et de marketing.

Vous allez voir dans une première partie l'astuce de duplication qui va vous permettre d'infiltrer un maximum de forums et groupes Facebook dans votre marché de niche.

Vous verrez ensuite dans une deuxième partie la technique de manipulation pour vous fondre dans la masse et vous créer une forte crédibilité au sein de ces forums et groupes Facebook.

II.1- L'astuce de la duplication pour infiltrer un maximum de forums et groupes Facebook.

La première chose à faire pour réaliser votre infiltration de forums et groupes Facebook va être de sélectionner ceux que vous souhaitez infiltrer.

Pour ça, vous allez créer trente jours avant le lancement de votre offre irrésistible un compte sur une dizaine de forums de votre thématique.

Choisissez les dix forums les plus visités et les plus connus de votre marché.

Un bon moyen pour mesurer la popularité d'un forum est de regarder le nombre de messages et d'échanges dans les différentes sections, et de regarder le classement du forum en termes de trafic web en utilisant par exemple le site alexa.com.

Selon votre thématique, il se peut que vous ne trouviez pas forcément jusqu'à dix forums.

Toujours est-il que vous chercherez à en trouver un maximum en identifiant les plus connus et les plus visités, même s'il y en a moins de dix.

Concernant les groupes Facebook, vous allez de la même manière vous inscrire aux dix groupes Facebook les plus importants de votre thématique, c'est-à-dire les plus connus et ceux dans lesquels il y a le plus de membres.

Si certains groupes sont privés, faites une demande pour en faire parti.

Comme pour les forums, si vous ne trouvez pas dix groupes Facebook dans votre thématique, prenez autant de gros groupes connus que vous pouvez.

Si cela vous gêne d'utiliser votre profil personnel, vous pouvez créer un autre profil Facebook à part que vous utiliserez pour infiltrer les groupes Facebook.

Bien évidemment, qu'il s'agisse de forums ou groupes Facebook, si le site web sur lequel vous voulez générer du trafic est directement lié à votre image ou porte votre nom, vous veillerez à ne pas créer de comptes portant votre nom.

En revanche, s'il n'y a aucun risque de rapprochement entre votre site et votre nom ou vos photos, alors il n'est pas forcément gênant d'utiliser par exemple votre profil Facebook personnel vu que personne ne saura que votre infiltration est en réalité une opération de promotion.

Sélectionnez maintenant vos forums et groupes Facebook, et créez vos comptes et faites vos demandes pour rejoindre les groupes privés.

Une fois que vous avez un compte dans ces forums et que vous avez rejoint les groupes Facebook de votre marché, vous allez maintenant voir en page suivante la technique de manipulation pour vous fondre dans la masse et vous créer une forte crédibilité.

II.2- La technique de manipulation pour vous fondre dans la masse et créer une forte crédibilité.

L'idée ici est de poster quelque chose une à trois fois par jour sur chacun des forums et groupes Facebook que vous avez sélectionnés.

Le but est de faire profil bas pendant les trente jours qui vont précéder le lancement de votre offre, afin de vous fondre dans la masse et vous créer une forte crédibilité.

Ainsi, vous allez chaque jour et pour chaque forum et chaque groupe Facebook faire un à trois posts, soit en répondant de manière innocente aux questions des gens, soit en créant un message.

Vous allez utiliser les forums et les groupes Facebook exactement comme le ferait un utilisateur lambda.

Progressivement, vous allez ainsi vous faire une place dans la communauté de ces forums et groupes Facebook, et vous gagnerez en crédibilité car vous aiderez les gens en répondant à leurs questions.

Vu que vous ne ferez aucune promotion, aucun spam, aucune publicité, vous gagnerez en respect et serez quelqu'un de crédible et perçu comme un contributeur utile à la communauté.

Bien entendu, vous ne parlerez surtout pas de votre site dans votre signature ni dans votre profil (profil de forum et profil Facebook), et vous ne vous présenterez surtout pas comme étant celui qui gère votre site.

Vous êtes pendant ces trente jours un utilisateur lambda et un participant parmi d'autres à la vie des forums et des groupes Facebook.

Faites ceci pendant trente jours, tout en montrant une activité régulière chaque jour en postant une à trois fois sur chacun des forums et groupes.

Ceci termine le deuxième module.

Vous avez mis en place votre infiltration d'un maximum de forums et de groupes Facebook.

Vous êtes désormais perçu comme un contributeur lambda aux différents forums et groupes et vous avez créé une forte crédibilité pour chacun de vos profils.

Personne ne se doute actuellement que vous allez utiliser ces forums ou groupes pour réaliser une formidable opération marketing "sous le manteau".

Maintenant que vous êtes bien intégré aux différents forums et groupes et que vous avez un profil crédible, vous allez dans le prochain module voir comment lancer votre offre irrésistible qui va vous permettre d'obtenir des milliers de visiteurs sur votre blog ou site sans que personne ne se doute que vous avez utilisé les forums ou groupes pour faire une promotion retentissante.

MODULE #3: FAITES LE LANCEMENT QUI VA DÉCLENCHER DES MILLIERS DE VISITEURS SUR VOTRE BLOG "SOUS LE MANTEAU".

Maintenant que votre infiltration est bien mise en place et que vous avez un profil crédible dans les principaux forums et groupes Facebook de votre marché, il est temps de faire le lancement de votre offre irrésistible créée lors du premier module (ou pendant les trente jours de votre infiltration lors du deuxième module).

Vous allez ainsi déclencher d'un seul coup des milliers de visiteurs qui vont se ruer sur votre blog, issus des forums et groupes que vous avez infiltrés durant trente jours à l'aide du module précédent.

De plus, l'offre irrésistible que vous aurez créée (parasitage de produit ou annonce explosive) va servir d'effet de levier fantastique pour décupler la portée de votre infiltration et créer un buzz retentissant.

Bien entendu, personne ne se doutera à aucun moment que vous êtes à la fois à l'origine et le bénéficiaire de cette redoutable opération de promotion.

En effet, à aucun moment vous n'aurez fait la promotion de quoi que ce soit, et à aucun moment vous n'aurez fait un quelconque spam ou une quelconque publicité.

Toute votre opération se fera totalement sous le manteau, et tout le monde n'y verra que du feu.

La portée et l'effet obtenu n'aura plus rien à voir avec ce que font les débutants qui se contentent d'être visibles en postant de temps à autre des commentaires, ni avec ceux qui spamment les forums et groupes et qui en sont bannis immédiatement.

Voici dans les pages suivantes les deux étapes pour faire votre lancement et déclencher des milliers de visites sur votre blog ou site web.

III.1- *Première étape pour déclencher des milliers de visiteurs.*

Vous allez maintenant créer sur chaque forum ou groupe Facebook un nouveau message ou fil de discussion.

A l'intérieur de celui-ci, vous allez mettre le lien vers votre page sur laquelle se trouve votre offre irrésistible (soit faite par un parasitage de produit ou par une annonce explosive), surtout sans en faire la promotion ni apparaître comme celui qui est derrière.

Pour ça, il vous suffit simplement d'accompagner votre lien d'une question basique, en disant par exemple :

"Je suis tombé dessus sur ça, qu'en pensez-vous ?"

Ou :

"Tiens il y a untel qui lance ça, qu'est ce que vous en pensez ?"

C'est tout.

Notez qu'il est très important ici de mettre une question.

De cette manière, les gens vont vouloir y répondre, et vont donc faire en sorte que votre sujet de discussion soit hyper populaire et reste en haut des discussions actives pour ce qui est des forums.

En effet, à chaque fois que quelqu'un répond sur un forum, le sujet de discussion remonte en général au sommet de la pile.

Ainsi, vous allez créer un tel message et le poster sur chaque groupe Facebook et sur chaque forum.

Un forum étant en général composé de plusieurs sous-forums, vous allez d'abord essayer de poster votre message sur l'espace d'échange principal, puis sur le plus gros sous-espace d'échange si les règles du forum ne vous autorisent pas à poster votre message sur l'espace principal.

Une fois que vous aurez créé et posté votre message, vous pourrez passer à la deuxième étape.

III.2- Deuxième étape pour déclencher des milliers de visiteurs.

Cette deuxième étape consiste maintenant à disparaître totalement du forum ou du groupe Facebook en ne repostant plus aucun autre message et en n'intervenant surtout pas dans la discussion du message que vous avez posté.

Vous n'allez pas chercher à défendre votre message comme le font la plupart des gens lorsqu'ils voient des commentaires en tous genres, ce qui sera le cas ici : certains seront pour, d'autre contre, d'autre encore diront que c'est totalement nul et d'autres trouveront ça génial, etc.

Le but ici est de ne plus intervenir et de ne plus utiliser les forums et les groupes Facebook.

Le seul moment où vous pourrez les utiliser à nouveau sera au moment où vous déciderez de refaire une prochaine infiltration.

Il sera en effet très facile de refaire un peu plus tard une telle opération car elle sera passée de manière invisible, surtout sur les gros forums ou les gros groupes.

En effet, personne ne pourra se douter que vous avez fait une opération promotionnelle, car vous aurez un profil qui a posté des messages et commentaires normaux pendant un mois entier.

De plus, vous n'avez pas du tout fait la promotion de votre dernier message.

Vous avez simplement demandé aux gens ce qu'ils en pensent puis vous avez abandonné votre profil en n'intervenant plus.

Ceci termine ce troisième module.

Vous avez vu exactement comment faire le lancement de votre offre irrésistible sur les forums et groupes Facebook que vous avez infiltrés.

Vous avez ainsi réalisé une fantastique opération marketing et déclenché des milliers de visites sur votre blog, sans que personne ne se soit douté de quoi que ce soit sur les forums et groupes Facebook que vous avez infiltrés.

L'idée est de poster votre message de lancement sur les forums et groupes Facebook en même temps que vous allez faire ce lancement sur tous vos autres supports (mailing list, Twitter, etc.), c'est-à-dire au moment où vous allez déployer toute votre artillerie pour mettre au courant les gens de votre parasitage de produit ou annonce explosive.

Vous pouvez ainsi voir la puissance de cette technique qui est beaucoup plus intelligente et qui fonctionne beaucoup mieux que d'aller spammer les forums.

En effet, la grande majorité des gens ne savent pas comment profiter de cette incroyable mine de prospects ciblés que peut rapporter les forums et les groupes Facebook.

La plupart va se contenter de créer un compte avec un pseudo portant le nom de leur société, puis poster des messages commerciaux et promotionnels partout.

Ainsi, non seulement ces personnes vont passer pour des commerciaux et des spammeurs en mettant des liens que personne ne va aller consulter, mais elles risquent également de se faire bannir et de dégrader l'image de leur entreprise.

C'est pourquoi la technique d'infiltration que vous avez découverte ici et souvent utilisée lors des gros lancements de produits aux Etats-Unis est la façon la plus efficace en termes de résultats d'utiliser les forums ou groupes Facebook pour parler de vous.

Avec cette technique, tout le monde est content car vous ne réalisez en aucun cas du spam, et personne ne peut se douter une seule seconde que vous utilisez les forums et groupes Facebook à votre avantage.

Vous obtenez de cette manière et avec cette technique toute simple beaucoup plus de visites qu'en spammant les forums et groupes de messages promotionnels, qui seront tout de suite effacés et qui risquent très vite de vous faire bannir définitivement.

Vous allez maintenant voir dans le dernier module comment mettre en place un calendrier pour lancer des infiltrations de forums et groupes Facebook régulièrement afin de vous assurer du trafic élevé et stable à long terme.

MODULE #4: ÉTABLISSEZ UN CALENDRIER POUR VOUS ASSURER UN TRAFIC ÉLEVÉ ET STABLE À LONG TERME.

Vous allez voir dans ce dernier module comment établir un calendrier pour lancer régulièrement des infiltrations de forums et groupes Facebook afin d'acquérir un trafic web élevé et stable sur le long terme.

En effet, il serait dommage de ne chercher à réaliser qu'un seul "gros coup" et avoir un pic immense de trafic ponctuellement.

En reproduisant cette stratégie régulièrement, vous allez vous assurer d'avoir en permanence beaucoup de visites et propulser votre business au niveau supérieur sur le long terme.

Le principe consiste à décider d'une fréquence pour créer régulièrement une offre irrésistible soit en utilisant la technique du parasitage de produit ou la technique des annonces explosives vues dans le premier module.

Créez-vous un calendrier sur les douze prochains mois, et décidez selon vos besoins en trafic web de créer une offre irrésistible au maximum tous les mois et au minimum tous les trimestres.

Ainsi, vous aurez à créer durant toute l'année qui vient soit douze offres irrésistibles si vous décidez d'en faire une chaque mois, soit quatre si vous décidez d'en faire une tous les trimestres.

Evidemment, plus vous créerez d'offres irrésistibles fréquemment et plus vous obtiendrez un trafic important et stable.

Selon la fréquence que vous choisissez pour lancer votre offre irrésistible, vous pouvez commencer trente jours avant le lancement à créer vos différents comptes sur les forums ou vous créer un nouveau profil Facebook et faire vos demandes pour rejoindre les groupes désirés.

Notez que vous pourrez parfois utiliser les mêmes profils qu'une infiltration antérieure si par exemple vous utilisez cette technique à une fréquence assez éloignée comme une fois tous les trimestres, ou si vous n'avez pas utilisé un profil pendant cinq ou six mois.

L'important est de vous assurer que personne ne puisse comprendre votre mode opératoire qui consiste à être actif trente jours, à poser une question, puis à disparaître, ce qui peut être le cas si c'est la dixième fois que vous faires ça avec un même profil.

C'est pourquoi l'idéal est de créer des nouveaux profils à chaque nouvelle opération d'infiltration, en particulier si vous en faites une chaque mois.

Une fois ces nouveaux profils créés, vous pouvez ensuite chaque jour durant les trente jours qui précèdent votre lancement poster une à trois fois sur chacun de ces forums ou groupes Facebook.

Vous pouvez également demander à quelqu'un de le faire à votre place.

Par exemple, vous pouvez très facilement trouver un freelance sur des sites tels que elance.com ou odesk.com qui peut se charger de poster pour vous des messages.

Vous pouvez aussi trouver une personne de votre entourage, et vous connaissez très certainement un étudiant, un chômeur ou une personne à la retraite qui serait ravie de faire ça pour vous et poster trois messages sur les forums ou groupes Facebook contre par exemple cinq euros par jour.

Ainsi, au bout des trente jours, il vous suffira simplement de lancer sur ces forums et groupes Facebook votre question telle que vous l'avez vue dans le troisième module, en demandant par exemple :

"Je suis tombé là dessus, qu'est ce que vous en pensez ?"

Cette technique est toute simple à mettre en place, mais permet d'obtenir des résultats incroyables.

Ceci termine ce dernier module pour mettre en place un calendrier pour réaliser des infiltrations de forums et groupes Facebook.

Cela termine également cette formation qu'il reste à conclure en page suivante.

CONCLUSION.

Cette formation est désormais terminée.

Vous savez à présent parfaitement comment infiltrer et manipuler les forums et groupes Facebook pour obtenir des milliers de visiteurs ciblés sur votre blog, sans que personne ne se doute que vous avez réalisé une formidable opération de promotion.

Dans un premier module, vous avez créé une offre irrésistible qui va servir de véritable effet de levier pour tirer un maximum de profit de votre infiltration de forums et groupes Facebook.

Pour créer cette offre irrésistible qui va vous permettre d'avoir un maximum de visiteurs et de faire le buzz, vous avez découvert deux techniques de trafic web extrême qui sont la technique du parasitage de produit et la technique des annonces explosives, et vous avez choisi celle qui vous convient le mieux.

Dans un deuxième module, vous avez vu comment vous créer un profil crédible et infiltrer un maximum de forums et groupes Facebook de votre marché de niche en vous fondant dans la masse.

Dans le troisième module, vous avez vu comment lancer l'action sur ces forums et groupes pour déclencher des milliers de visites sur votre blog ou site, sans que personne ne se doute à aucun moment que vous êtes le bénéficiaire de cette formidable opération de promotion.

Enfin, le quatrième module vous a montré comment utiliser la technique de l'infiltration à une fréquence régulière, en vous créant un calendrier qui va vous permettre d'obtenir du trafic web ciblé élevé et stable sur le long terme.

Ainsi, bien que très simple à mettre en place, cette technique va vous permettre de tirer parti de cette source immense et extrêmement précieuse de trafic ciblé qui se trouve dans les forums et groupes Facebook, mais qui échappe totalement à l'immense majorité des marketeurs qui ne sait pas comment en bénéficier.

En effet, la plupart des gens va essayer de bénéficier sans succès de ce trafic de grande qualité en se contentant d'envoyer des messages promotionnels et de spammer les forums et groupes Facebook.

Ils vont alors souvent soit se faire bannir, soit voir leurs multiples messages se faire effacer par les administrateurs.

Et bien entendu, ils ne vont au final récolter aucun visiteur sur leur blog avec leur pauvre opération.

Au contraire, ils seront perçus comme des spammeurs et des commerciaux qui viennent parasiter et gêner le bon fonctionnement du forum ou du groupe.

Désormais, vous connaissez la façon la plus simple et efficace en termes de résultats d'utiliser les forums et groupes Facebook avec cette technique redoutable de trafic web extrême.

Vous allez ainsi avoir une avance considérable sur les autres personnes de votre marché de niche car vous saurez faire parler de vous et créer le buzz dans votre thématique.

Vous saurez obtenir sur commande des milliers de visiteurs ciblés, qui non seulement viendront sur votre blog mais s'empresseront de remplir votre mailing list et d'acheter vos produits.

Vous vous créerez alors en un rien de temps une mailing list hyper qualifiée de prospects que vous pourrez démarcher à chaque fois que vous avez un produit à vendre, et vous décuplerez vos revenus car les personnes qui verront vos produits seront qualifiées et intéressées par votre thématique.

Si vous utilisez la technique de l'infiltration de forums et de groupes Facebook régulièrement, vous allez propulser votre business au niveau supérieur en vous créant un business ultra rentable et stable sur le long terme, de part l'immense quantité de clients potentiels que vous amènerez en permanence sur votre blog ou site web.

Ces clients potentiels s'inscriront à votre mailing list, achèteront ou parleront de votre blog aux autres, et votre business n'aura plus rien à voir avec ce que vous aviez actuellement en termes de résultats.

Par ailleurs, vous pouvez utiliser cette technique pour n'importe quelle autre niche et pour autant de niches que vous le souhaitez, et ainsi multiplier vos sources de revenus.

Si vous souhaitez obtenir encore plus de trafic web ciblé rapidement et gratuitement, vous pouvez également consulter les autres formations de la série trafic web extrême.

Je vous souhaite tous mes voeux de succès avec l'infiltration de forums et de groupes Facebook et vous dis à bientôt, j'espère, dans une prochaine formation.

A PROPOS DE L'AUTEUR.

Rémy Roulier est un ancien ingénieur informatique et responsable marketing dans une multinationale.

Il est aujourd'hui auteur best-seller, digital nomad et voyage partout dans le monde, ayant acquis depuis plus de dix ans une véritable expertise dans le marketing internet et le développement personnel.

Il partage aujourd'hui ses outils et son expérience pour permettre aux autres d'atteindre également leur indépendance financière et de façonner leur vie telle qu'ils la désirent vraiment.

CRÉATIONS DU MÊME AUTEUR.

Voici aussi quelques autres de mes créations qui peuvent vous servir :

TRAFIC WEB EXTRÊME AVEC LES ANNONCES EXPLOSIVES:
30 MINUTES POUR FAIRE LE BUZZ DANS VOTRE THEMATIQUE SUR LES BLOGS, FORUMS, RESEAUX SOCIAUX FACEBOOK, TWITTER ET FAIRE EXPLOSER VOTRE TRAFIC INTERNET.
Découvrez comment vous pouvez créer un véritable buzz dans votre thématique et obtenir des milliers de visiteurs ciblés en fabriquant une annonce explosive en seulement 30 minutes chrono. Jamais une technique n'aura généré autant de trafic ciblé aussi rapidement et gratuitement.

TRAFIC WEB EXTRÊME AVEC LE PARASITAGE DE PRODUIT:
VOLEZ LEGALEMENT DES MILLIERS DE VISITEURS PAR SEMAINE A VOS CONCURRENTS FACILEMENT, INSTANTANEMENT, ET GRATUITEMENT ET TRANSFORMEZ-LES EN CLIENTS.
Cette technique de la série "trafic web extrême" va vous permettre d'obtenir chaque semaine des milliers de visiteurs ciblés en les volant légalement à vos concurrents. Vous allez également pouvoir faire exploser votre mailing list et décupler vos ventes en transformant facilement ces visiteurs en clients, sans dépenser le moindre centime en publicité.

VAINCRE LA PROCRASTINATION QUAND ON EST PARESSEUX:
LA NOUVELLE METHODE D'ORGANISATION, PRODUCTIVITE, GESTION DU
TEMPS POUR PASSER A L'ACTION INSTANTANEMENT SANS EFFORTS ET
REALISER SES REVES.
Cette méthode jamais révélée auparavant vous guide pas-à-pas pour reprendre totalement votre vie en main et avoir un contrôle complet sur vos priorités de vie sans plus jamais rien remettre au lendemain. Vous allez ainsi immédiatement passer à l'action même si vous êtes paresseux, pour mener à termes vos rêves et objectifs sans effort comme un expert de la productivité, aussi bien dans votre vie personnelle que professionnelle.

VOTRE PREMIER SMIC SUR INTERNET EN 72 HEURES:
LE SYSTEME INEDIT LE PLUS RAPIDE POUR GAGNER DE L'ARGENT SUR
INTERNET QUAND ON N'A PAS LE TEMPS ET GENERER 1200 EUROS EN 3
JOURS SANS CREER DE PRODUIT.
Une méthode inédite pour générer vos premiers 1200 euros en ligne en seulement 3 jours et sans créer de produit. A posséder absolument pour tous ceux qui n'ont plus le temps ou qui ont déjà tout essayé pour gagner de l'argent sur Internet. Cette méthode va tout changer.

EMAILING QUI VEND:
42 MINUTES POUR DEVENIR RICHE AVEC VOTRE MAILING LIST EN
DECUPLANT VOS TAUX D'OUVERTURE ET VENTES COMME UN PRO DE
L'EMAIL MARKETING.

Découvrez en seulement 42 minutes comment extraire un maximum d'argent de votre mailing list et obtenir des taux de conversion record comme le font les plus grands experts mondiaux de l'email marketing. Rejoignez tout de suite les 1% des gens qui génèrent de véritables fortunes grâce à leur mailing list.

DEVENIR RICHE AVEC UN BLOG DE CURATION:
CREER UN BLOG D'EXPERT QUI CARTONNE ET GAGNER DE L'ARGENT SANS
CREER D'ARTICLES AVEC LA CURATION.

Accédez à la méthode la plus complète pour réussir rapidement avec un blog de curation. Cette nouvelle méthode simple et ludique de bloguer va vous permettre de gagner beaucoup d'argent et de vous positionner rapidement comme un véritable expert, sans jamais avoir besoin d'écrire des articles, de tourner des vidéos ou d'être un spécialiste de votre niche.

CREER UN SITE WEB LUCRATIF EN 4 SEMAINES:
LA FAÇON LA PLUS RAPIDE DE CRÉER UN BLOG OU SITE INTERNET RENTABLE
EN PARTANT DE ZÉRO.

Découvrez la façon la plus rapide et simple de créer un site ou blog qui vous rapporte entre 5000 et 10000 euros par mois en partant de rien. Une méthode pas-à-pas qui vous guide en 5 modules vers votre indépendance financière, en évitant toutes les erreurs des débutants.

DEVENIR RICHE EN FREELANCE SUR LE WEB:
POURQUOI 99% DES INDEPENDANTS ECHOUENT SUR INTERNET ET COMMENT REJOINDRE LES 1% QUI GENERENT DES REVENUS A 6 CHIFFRES.
Un livre que doit posséder absolument tout entrepreneur. Il vous explique comment bâtir votre business en freelance sur le web (ou ailleurs) pour éviter de devenir un indépendant qui croule sous le travail en ne gagnant que des miettes. Découvrez exactement comment s'y prennent les freelances qui cartonnent sans (trop) travailler, et reproduisez le même modèle qui leur permet de générer des revenus à 6 chiffres.

CONTENU DE MASSE POUR VOTRE BLOG:
1 HEURE/JOUR POUR CREER 7 ARTICLES, 5 VIDEOS ET 1 PRODUIT CHAQUE SEMAINE ET CREER UN BLOG D'AUTORITE ULTRA RENTABLE.
Découvrez une méthode radicale et inédite pour devenir un créateur de contenu à 100% et créer 7 articles, 5 vidéos et 1 produit chaque semaine en ne travaillant qu'une heure par jour du Lundi au Vendredi. Commencez immédiatement et voyez votre trafic et vos revenus exploser.

CREER UN BLOG VIDEO SANS SE RUINER:
LA METHODE COMPLETE POUR CREER UN VLOG PRO (EQUIPEMENT,
DISCOURS, TOURNAGE, MONTAGE, VIDEO, DIFFUSION) SANS SE RUINER.
Tout ce que vous devez savoir pour créer un blog vidéo de qualité professionnelle le plus facilement possible, même si vous avez peu ou pas de budget. Laissez-vous guider totalement de l'équipement à la diffusion, et voyez des milliers de fans s'agglutiner et vos ventes exploser par vos vidéos irrésistibles.

ECRIRE UNE PAGE DE VENTE HYPNOTIQUE:
54 MINUTES CHRONO POUR ECRIRE FACILEMENT UN ARGUMENTAIRE DE
VENTE FASCINANT ET VENDRE SUR INTERNET COMME UN PRO DU
COPYWRITING HYPNOTIQUE.
Une méthode clés-en-main pour écrire facilement une page de vente hypnotique, et en seulement 54 min. Bien plus puissante que le copywriting ordinaire, utilisez-là pour "forcer" vos clients à acheter vos produits en les plongeant dans un état de transe hypnotique.

CREER UNE LANDING PAGE QUI CONVERTI:
TRIPLEZ VOS VENTES, EXPLOSEZ VOTRE MAILING LIST EN MOINS DE 15
MINUTES AVEC UNE SQUEEZE PAGE OPTIMISEE.
Une méthode complète pour créer une landing page en partant de rien et obtenir d'entrée de jeu des taux de conversion records à rendre jaloux les meilleurs marketeurs. Evitez les mois de tâtonnements interminables et les centaines d'euros dépensés pour trouver la meilleure version, en prenant ce raccourci tout de suite.

VENDRE EN VIDEO COMME UN PRO:
LA NOUVELLE FAÇON LA PLUS SIMPLE ET RAPIDE DE CREER UNE VIDEO DE
VENTE ET PAGE DE VENTE VIDEO QUI CONVERTI.
Découvrez un système complet et unique en pas-à-pas pour réaliser des vidéos de vente en partant de rien. De l'équipement à la création de votre argumentaire de vente, en passant par les techniques pour amener de la présence et pour minimiser votre temps de montage vidéo, vous saurez comment obtenir des taux de conversion record dignes des meilleurs marketeurs, de la manière la plus simple, rapide, et sans vous ruiner.

TUNNELS DE VENTE SOCIAUX:
GAGNER DE L'ARGENT SUR INTERNET ET DEVENIR RICHE AUJOURD'HUI
APRES L'EXPLOSION DES RESEAUX SOCIAUX (FACEBOOK, TWITTER...) ET
YOUTUBE.
Une véritable plongée dans la psychologie de l'acheteur d'aujourd'hui et une méthode pratique qui vous permet de créer un tunnel de vente tel qui fonctionne après l'explosion des réseaux sociaux. Convertissez ainsi sans peine vos prospects en clients, en acheteurs multiples, en fans et en véritables ambassadeurs de vos produits auprès de leurs amis pour étendre votre notoriété comme une trainée de poudre.

GERER SES EMOTIONS FACILEMENT:
LA MAITRISE DE SOI FACILE POUR MOBILISER SES CAPACITES (MOTIVATION,
CONFIANCE EN SOI...) A VOLONTE, INSTANTANEMENT.
Ne plus être esclave de vos états intérieurs (colère, stress, jalousie etc.) n'aura jamais été aussi facile et rapide qu'avec cette méthode qui va vous permettre de retrouver une parfaite maitrise de soi et de mobiliser instantanément n'importe qu'elle capacité.

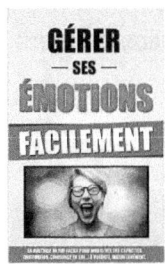

TROUVER UNE NICHE LUCRATIVE SANS SE TROMPER:
LA NOUVELLE DEMARCHE POUR CREER UN BLOG DANS UN MARCHE DE
NICHE ULTRA RENTABLE ET DEVENIR RICHE DU 1er COUP.
Tout ce qu'il vous faut pour bien choisir votre marché de niche pour
être sûr de réussir, et ne pas commettre les erreurs des débutants qui
se retrouvent ruinés au bout de 6 mois ou 1 an car ils ont choisi leur
marché de niche en se basant sur les mauvais critères.

LA COMMUNICATION EFFICACE EN 60 MINUTES CHRONO:
DECOUVREZ LES TECHNIQUES SECRETES DE LA COMMUNICATION VERBALE ET
NON VERBALE POUR BRILLER DES CE SOIR.
Devenez un pro de la communication dans tous ses aspects, aussi bien
verbale que non verbale, en seulement 60 minutes chrono. Une
solution clés-en-main, facile, pour résoudre définitivement tous vos
problèmes de communication sans y passer des mois ou des années!

LA MEMOIRE FACILE INSTANTANEE:
AMELIORER SA MEMOIRE, MEMORISER COMME UN CHAMPION DES CE
SOIR SANS RIEN OUBLIER ET SANS EFFORTS.
Des exercices et stratégies faciles qui vont vous permettre d'utiliser vos
différentes mémoires à plein régime et mémoriser sans peine autant
d'informations que vous voulez...instantanément et sans les oublier,
comme le font les champions de la mémorisation.

TITRES QUI VENDENT:
DANS 47 MINUTES VOUS ECRIREZ DES TITRES FACEBOOK, ADWORDS,
BLOG, PAGE DE VENTE, EMAIL COMME UN PRO DU COPYWRITING!
Découvrez les secrets et les 101 meilleurs templates pour créer des
titres chocs qui vont vous rapporter (très) gros, et acquérir les
compétences des meilleurs copywriters en seulement 47 minutes!

VAINCRE SA TIMIDITE:
LA METHODE CHOC DES EXPERTS EN CONFIANCE EN SOIR POUR SORTIR
DE L'ENFER DE LA TIMIDITE FACILEMENT ET RAPIDEMENT.
Enfin une méthode pas-à-pas qui vous permet de vous libérer de votre
timidité pour toujours, et d'obtenir ce magnétisme personnel que vous
avez peut-être toujours cru réservé aux autres, tout ça rapidement et
facilement.

SYSTEME AFFILIATION:
LA NOUVELLE FAÇON POUR ENFIN VIVRE DE SON BLOG PAR
L'AFFILIATION ET DEVENIR RICHE SANS CRÉER UN SEULPRODUIT.
Ce redoutable système d'affiliation est la preuve que l'affiliation
fonctionne toujours à merveille pour les rares initiés qui savent
l'utiliser de la bonne manière. Mettez enfin en place en seulement
quelques jours une véritable machine à générer des revenus passifs
sans jamais avoir à créer le moindre produit ni vous occuper du service
après vente.

ECRIRE UN EBOOK IRRESISTIBLE EN UN WEEK-END:
LA NOUVELLE METHODE POUR ECRIRE UN LIVRE QUE LES LECTEURS
ADORENT, PRET A VENDRE LUNDI MATIN.

Laissez-vous guider par une procédure simple et d'une efficacité redoutable pour créer en seulement un week-end un ebook que les gens vont s'arracher, même si vous n'êtes pas expert dans un domaine.

DEVENIR RICHE EN 42 JOURS:
LA METHODE PAS-A-PAS POUR.GAGNER DE L'ARGENT SUR INTERNET ET VIVRE SES REVES EN PARTANT DE RIEN.
Une méthode prouvée qui vous guide pas-à-pas et vous permet d'atteindre votre indépendance financière en 42 jours grâce à Internet, même si vous démarrez actuellement de rien. Un must à ne pas manquer.

COMMENT SE CONCENTRER COMME EINSTEIN:
LE SECRET DES ETUDIANTS PARESSEUX POUR DECUPLER LA CONCENTRATION ET
LA MEMOIRE AVEC LA TECHNIQUE DU DOCTEUR VITTOZ.
Ce best seller dans le top 100 des meilleures ventes d'Amazon vous montrera la technique jadis utilisée par Einstein qui vous donnera le pouvoir de vous concentrer sur ce que vous voulez aussi longtemps que vous voulez.

COMMENT REUSSIR VOS EXAMENS:
LE POUVOIR INEGALE DE LA DYNAMIQUE MENTALE POUR FINIR PREMIER
DANS VOS ETUDES ET EXAMENS EN ETANT PARESSEUX.
Réussissez dès maintenant vos examens et vos études en découvrant la technique secrète utilisée par les plus grands sportifs internationaux. Spécialement adaptée ici à la réussite aux examens par des médecins et psychologues, elle vous propulsera parmi les meilleurs étudiants sans avoir à étudier davantage.

ACUPRESSION DE SECOURS:
SUPPRIMEZ IMMEDIATEMENT LE STRESS, LE MAL DE TETE, LE TROU DE
MEMOIRE PENDANT UN EXAMEN AVEC VOTRE DOIGT.
Soulagez vos douleurs et malaises immédiatement dès que vous en avez besoin et empêchez-les de vous faire rater un oral, un examen ou tout moment important de votre vie. 100% pratique, très clair et simple, ce livre est très certainement le meilleur investissement que vous puissiez faire pour votre santé et votre succès.

65

LA LECTURE RAPIDE EN 60 MINUTES CHRONO:
DOUBLER (OU TRIPLER) VOTRE VITESSE DE LECTURE N'A JAMAIS ÉTÉ
AUSSI FACILE!

Utilisez les meilleures techniques des lecteurs les plus rapides pour augmenter votre vitesse de lecture de 100% dès aujourd'hui.

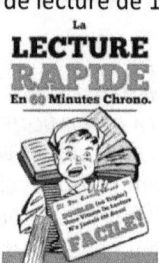

LA RELAXATION ZEN PROFONDE:
LA VOIE ROYALE POUR LA LIBERATION EMOTIONNELLE ET LE LACHER
PRISE.

L'outil parfait pour aborder les situations du quotidien sereinement, et reprendre le contrôle de votre vie et de vos émotions dans le lâcher prise.

NUTRITION DETOX:
BIEN MANGER POUR UNE VIE DE PURE ENERGIE, FORME ET SANTE.

Plus jamais vous ne vous empoisonnerez à la malbouffe, et apprendrez les principes alimentaires qui vous redonnerons une énergie et une qualité de santé au-delà de vos espérances tout en vous faisant économiser des dizaines d'euros tous les mois.

LE MIND MAPPING FACILE:
MEILLEURE MEMOIRE, PRISE DE NOTE RAPIDE, BRAINSTORMING,
GESTION DE PROJET SANS EFFORT AVEC LES MIND MAPS.
Le Mind Map (ou carte heuristique) va révolutionner votre vie et votre mémoire en termes gain de temps, d'organisation et d'efficacité par un système puissant et redoutable de prise de notes et d'organisation de l'information autour de diagrammes basés sur la manière naturelle dont fonctionne votre cerveau. Un outil à posséder absolument.

L'ANGLAIS FACILE AVEC LE MIND MAPPING:
COMMENT APPRENDRE L'ANGLAIS ET N'IMPORTE QUELLE LANGUE
RAPIDEMENT SANS JAMAIS L'OUBLIER.
Si vous avez toujours eu du mal avec les langues ou que vous souhaitiez apprendre l'Anglais facilement et rapidement, cette méthode innovante basée sur le Mind Mapping va très certainement vous y aider.

67

L'ESPAGNOL FACILE AVEC LE MIND MAPPING:
COMMENT APPRENDRE L'ESPAGNOL ET N'IMPORTE QUELLE LANGUE
RAPIDEMENT SANS JAMAIS L'OUBLIER.
La même chose que pour l'Anglais, mais cette fois c'est plutôt si vous souhaitez vous rendre là où les gens parlent Espagnol et apprendre cette langue facilement et rapidement à l'aide du Mind Mapping.

COMMENT SAUVER SON COUPLE EN UNE HEURE:
LA NOUVELLE MANIERE POUR EVITER LA RUPTURE AMOUREUSE ET
CREER UNE PASSION AMOUREUSE INTENSE.
Avant de penser à rompre, découvrez d'abord ce programme qui a déjà sauvé la relation amoureuse de plusieurs milliers de couples et évité de grandes souffrances de rupture, en seulement une heure.